P9-DMZ-985

LOS CAMIONES DE BASURA

Aaron Carr

www.av2books.com

Visita nuestro sitio www.av2books.com e ingresa el código único del libro.
Go to www.av2books.com, and enter this book's unique code.

CÓDIGO DEL LIBRO
BOOK CODE

D549697

AV² de Weigl te ofrece enriquecidos libros electrónicos que favorecen el aprendizaje activo.
AV² by Weigl brings you media enhanced books that support active learning.

El enriquecido libro electrónico AV² te ofrece una experiencia bilingüe completa entre el inglés y el español para aprender el vocabulario de los dos idiomas.
This AV² media enhanced book gives you a fully bilingual experience between English and Spanish to learn the vocabulary of both languages.

Spanish

English

Navegación bilingüe AV²
AV² Bilingual Navigation

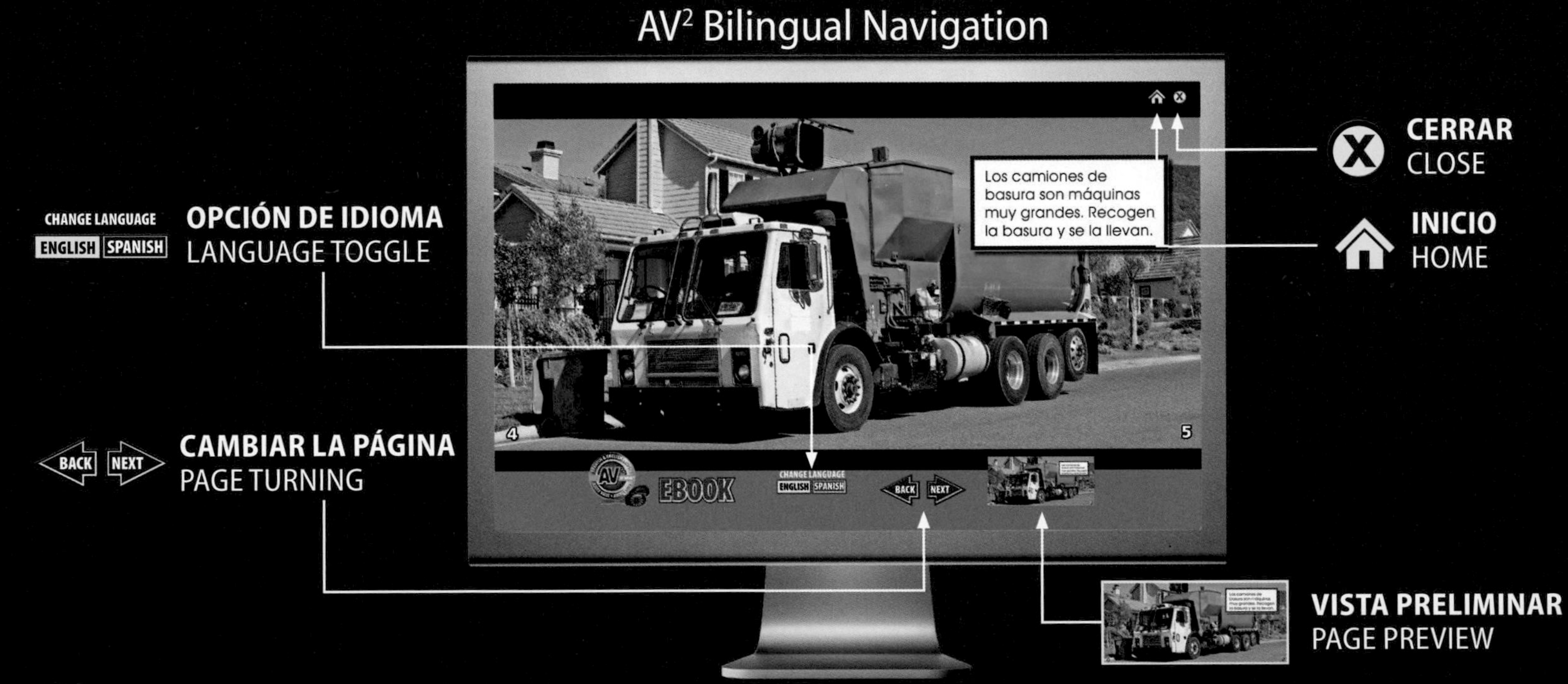

LOS CAMIONES DE BASURA

ÍNDICE

Los camiones de basura son máquinas muy grandes. Recogen la basura y se la llevan.

DANGER
DANGER

Hay diferentes tipos de camiones de basura. Algunos cargan la basura por el costado. Otros, la cargan por la parte delantera o trasera.

Los camiones de basura son muy pesados cuando están llenos. Necesitan diez ruedas para soportar todo ese peso.

Un camión de basura puede llegar a pesar como ocho hipopótamos.

YARD
WASTE
ONLY

Los camiones de basura recorren los pueblos y ciudades recolectando la basura.

Algunos camiones de basura tienen brazos robóticos. Estos brazos levantan los botes de basura y los vacían dentro del camión.

Los camiones de carga frontal usan dos brazos para levantar los botes de basura más grandes.

STOP
DANGER
DANGER

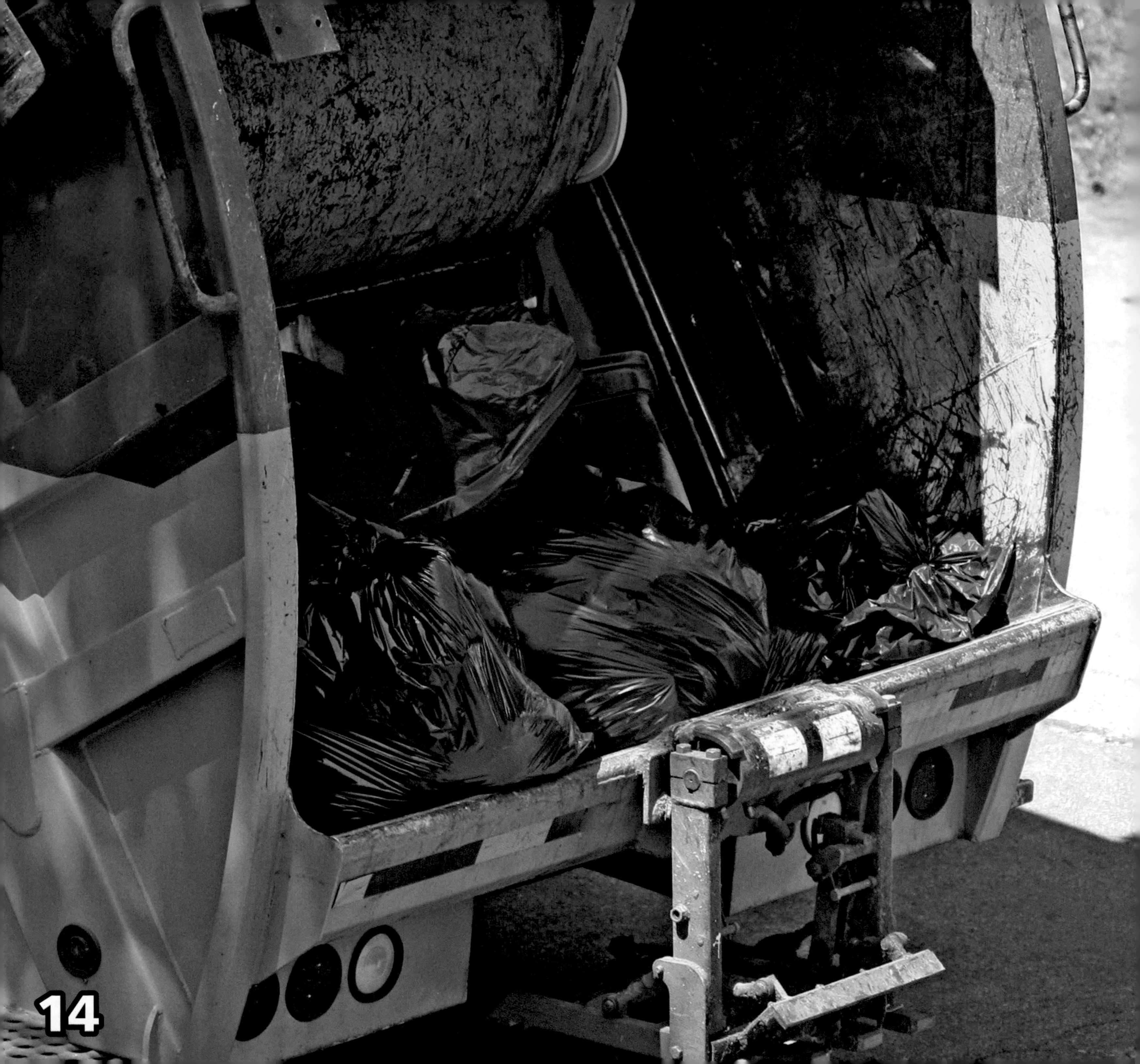

Los camiones de basura tienen un gran espacio vacío en su interior. Allí se coloca la basura que el camión recolecta.

Un solo camión de basura puede recolectar la basura de más de 800 casas.

Los camiones de basura compactan la basura que llevan. Esto les permite recolectar más cantidad de basura sin tener que vaciarse.

Un camión de basura puede consumir más combustible que 10 autos. Algunos camiones de basura modernos no usan combustible.

CAUTION

Los camiones de basura pueden ser peligrosos. Puede ser difícil para el conductor ver lo que hay alrededor del camión. Hay que mantenerse alejado de los camiones de basura.

DATOS SOBRE LOS CAMIONES DE BASURA

Estas páginas contienen más detalles sobre los interesantes datos de este libro. Están dirigidas a los adultos, como soporte, para que ayuden a los jóvenes lectores a redondear sus conocimientos sobre cada máquina presentada en la serie *Máquinas poderosas*.

Páginas 4–5

Los camiones de basura son máquinas muy grandes. Un camión de basura es un vehículo utilizado para transportar basura. Las ciudades deben hacerse cargo de los desechos. Esto incluye recolectar, reciclar y "compostar" la basura de los hogares. Luego, la basura se transporta a los centros de gestión de desechos y vertederos, donde se procesa o entierra.

Páginas 6–7

Hay diferentes tipos de camiones de basura. Los camiones de basura pueden ser desde camiones de recolección normales con una caja recolectora y un compactador, hasta enormes camiones especializados construidos únicamente para recolectar basura. Los camiones de carga lateral son los que más se utilizan para la recolección de basura doméstica. Los de carga frontal y trasera se utilizan para diferentes aplicaciones comerciales y residenciales.

Páginas 8–9

Los camiones de basura son muy pesados cuando están llenos. Los camiones de basura pueden pesar entre 12.000 y 25.000 libras (5.400 y 11.300 kilogramos) cuando están vacíos, pero llenos pueden llegar a pesar 64.000 libras (29.000 kg). Los camiones de basura más pesados tienen tres ejes y diez ruedas para repartir el peso sobre una mayor superficie.

Páginas 10–11

Los camiones de basura recorren los pueblos y ciudades recolectando la basura. La gente debe colocar la basura en un lugar determinado la noche anterior a su recolección. Algunas municipalidades exigen tener botes de basura específicos. En las ciudades donde se recoge la basura al borde de la acera, la gente debe colocar sus botes de basura lejos de la acera y de otros obstáculos para que el brazo robótico pueda llegar hasta ellos.

Páginas 12–13

Algunos camiones de basura tienen brazos robóticos. Los camiones de basura más antiguos necesitaban de una persona que vaciara los botes dentro del camión. Los camiones más modernos suelen usar brazos mecánicos para levantar y vaciar los botes en el camión y volver a colocarlos en el suelo. De este modo, el recolector de basura o conductor del camión debe levantar menos peso.

Páginas 14–15

Los camiones de basura tienen un gran espacio vacío en su interior. La parte más grande del camión de basura es la caja de almacenamiento que está en el cuerpo del camión. Los camiones de carga trasera o lateral por lo general cargan entre 15 y 30 yardas cúbicas (11 y 23 metros cúbicos) de material de desecho. Los camiones de carga frontal más grandes pueden cargar hasta 40 yardas cúbicas (31 metros cúbicos).

Páginas 16–17

Los camiones de basura compactan la basura que llevan. Antes de que la basura ingrese a la caja de almacenamiento del camión, se la coloca en un espacio de carga llamado tolva. Dentro de la tolva, un compactador comprime la basura y la envía a la caja de almacenamiento. Esto permite que el camión pueda llevar más cantidad de basura sin tener que vaciarse.

Páginas 18–19

Un camión de basura puede consumir más combustible que 10 autos. El consumo promedio de un camión de basura es de unas 4 millas por galón (1,7 kilómetros por litro). En la actualidad, muchas municipalidades están empezando a usar camiones híbridos o completamente eléctricos, que son más económicos y menos perjudiciales para el medioambiente. En 2014, Chicago, Illinois, fue la primera ciudad de los Estados Unidos que incorporó un camión de basura completamente eléctrico a su flota.

Páginas 20–21

Los camiones de basura pueden ser peligrosos. Los conductores de los camiones de basura tienen que prestar atención a muchas cosas cuando manejan sus camiones. Los camiones de basura son muy ruidosos y, a veces, los choferes no escuchan los ruidos de afuera de la cabina. Incluso teniendo cámaras y espejos retrovisores, les puede resultar difícil ver lo que está a su alrededor. Por nuestra seguridad, debemos mantenernos alejados de estas enormes máquinas.

Published by AV² by Weigl
350 5th Avenue, 59th Floor
New York, NY 10118
Website: www.av2books.com

Library of Congress Control Number: 2015954018

ISBN 978-1-4896-4407-7 (hardcover)
ISBN 978-1-4896-4409-1 (multi-user eBook)

Printed in the United States of America in Brainerd, Minnesota
1 2 3 4 5 6 7 8 9 0 20 19 18 17 16

032016
101515

Project Coordinator: Jared Siemens
Spanish Editor: Translation Cloud LLC
Designer: Terry Paulhus

Weigl acknowledges iStock and Getty Images as the primary image suppliers for this title.